D1529825

De puntillas en
LUGARES ESCALOFRIANTES

CEMENTERIOS
ESPELUZNANTES

por Joyce Markovics

Consultora: Ursula Bielski
Escritora e investigadora de fenómenos paranormales
Fundadora de Chicago Hauntings, Inc.

BEARPORT
PUBLISHING

New York, New York

Créditos

Cubierta, © khd/Shutterstock, © Fatbob/Bigstockphoto, and © Vasina Nazarenko/Fotolia; TOC, © Marcin Perkkowski/Shutterstock and © Hitdelight/Shutterstock; 4–5, © Marcin Perkowski/Shutterstock, © Hitdelight/Shutterstock, © Elena Schweitzer/Shutterstock, © Maciej Olszewski/Shutterstock, © Ryan Ladbrook/Shutterstock, © schankz/Shutterstock, © Avicha11/Shutterstock, © Vincze Szabi/Shutterstock, and © Fabien Monteil/Shutterstock; 6L, © Olinchuk/Shutterstock; 6R, © Elzbieta Sekowksa/Shutterstock; 7, © LEE SNIDER PHOTO IMAGES/Shutterstock; 8, © David Lee Tiller; 9, © David Lee Tiller; 11, © Enrique de la Cruz/supernoramx/Flickr; 12L, © serpeblu/Shutterstock; 12R, © Richard Peterson/Shutterstock; 13, © Chonlatorn/Shutterstock; 14, © Hal Hirshorn/The Merchant's House Museum/The New York City Marble Cemetery; 15, © Patrick Phillips; 16L, © Carolyn M Carpenter/Shutterstock; 16R, © Ritu Manoj Jethani/Shutterstock; 17, © Carolyn M Carpenter/Shutterstock; 18, © Mick Sinclair/Alamy; 19, © Artem Efimov/Shutterstock and © Evgeniia Litovchenko/Shutterstock; 21, © Lipowski Milan/Shutterstock, © bob8435/Shutterstock, and © Khuroshvili Ilya/Shutterstock; 23, © Ryzhkov Sergey/Shutterstock and © periscope/Shutterstock; 24, © Chokniti Khongchum/Shutterstock.

Director editorial: Kenn Goin
Editora: Joyce Tavolacci
Traductora: Eida Del Risco
Editora de español: Queta Fernandez
Director creativo: Spencer Brinker
Investigador de fotografía: Thomas Persano
Cubierta: Kim Jones

Datos de catalogación de la Biblioteca del Congreso

Names: Markovics, Joyce L., author.
Title: Cementerios espeluznantes / por Joyce Markovics.
Other titles: Chilling cemeteries. Spanish
Description: Nueva York, Nueva York : Bearport Publishing, 2018. | Series: De puntillas en lugares escalofriantes | Includes bibliographical references and index.
Identifiers: LCCN 2017011834 (print) | LCCN 2017019434 (ebook) | ISBN 9781684023929 (ebook) | ISBN 9781684023837 (library)
Subjects: LCSH: Haunted cemeteries—Juvenile literature. | Haunted places—Juvenile literature.
Classification: LCC BF1474.3 (ebook) | LCC BF1474.3 .M3718 2018 (print) | DDC 133.1/22—dc23
LC record available at https://lccn.loc.gov/2017011834

Para más información, escriba a Bearport Publishing Company, Inc., 45 West 21st Street, Suite 3B, New York, New York 10010. Impreso en los Estados Unidos de América.

10 9 8 7 6 5 4 3 2 1

CONTENIDO

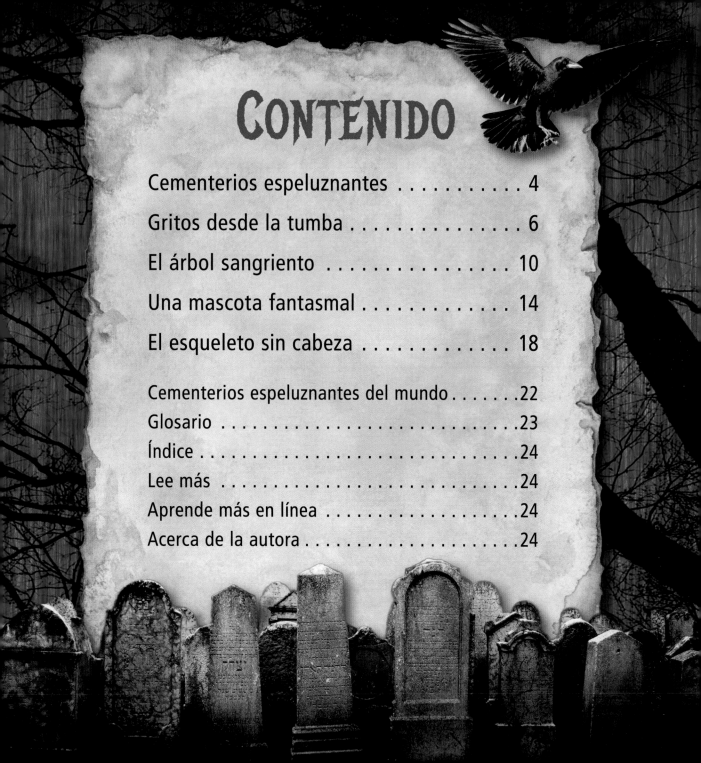

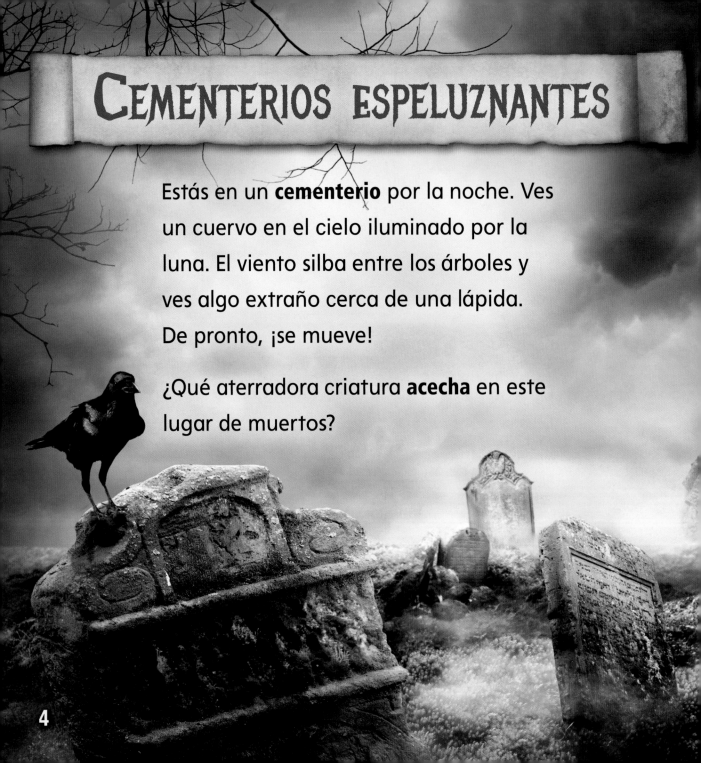

Cementerios espeluznantes

Estás en un **cementerio** por la noche. Ves un cuervo en el cielo iluminado por la luna. El viento silba entre los árboles y ves algo extraño cerca de una lápida. De pronto, ¡se mueve!

¿Qué aterradora criatura **acecha** en este lugar de muertos?

4

Prepárate para leer cuatro historias escalofriantes acerca de cementerios embrujados. Pasa la página… ¡si te atreves!

GRITOS DESDE LA TUMBA

Cementerio de Sleepy Hollow, Nueva York

Era la noche de Halloween de 1916, oscura como boca de lobo. Una niña entró al cementerio cumpliendo una apuesta.

De repente, oyó algo raro. Era el sonido de un llanto quedo.

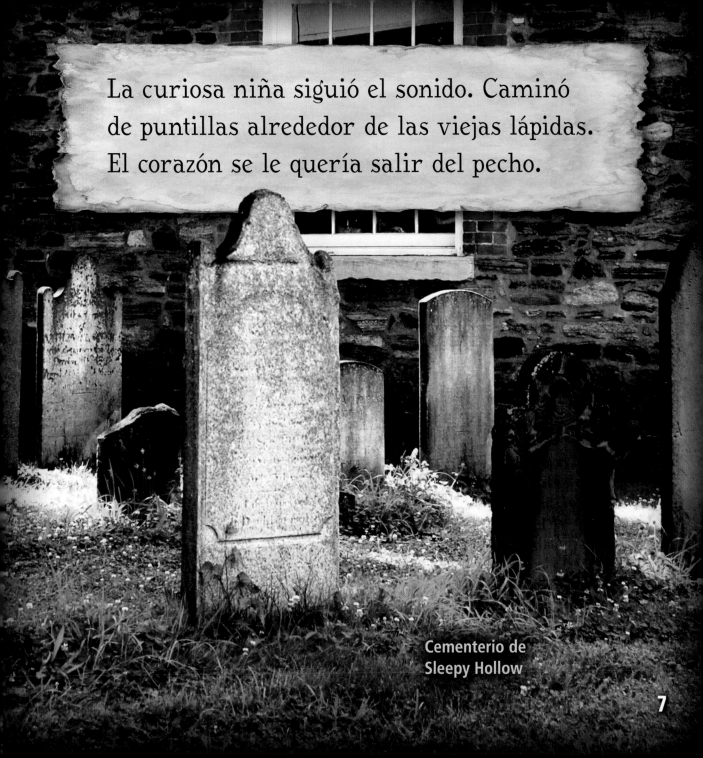

La curiosa niña siguió el sonido. Caminó de puntillas alrededor de las viejas lápidas. El corazón se le quería salir del pecho.

Cementerio de
Sleepy Hollow

Finalmente, la niña localizó el sonido en un claro entre las tumbas. En ese momento, el llanto se detuvo. Los ojos de la niña se fijaron en la estatua de **bronce** de una mujer sentada.

La niña subió al regazo de la estatua. Tocó el rostro de frío metal… y estaba húmedo. ¡De los ojos de la estatua caían lágrimas!

La estatua se conoce como La Dama de Bronce. Nadie sabe por qué parece llorar.

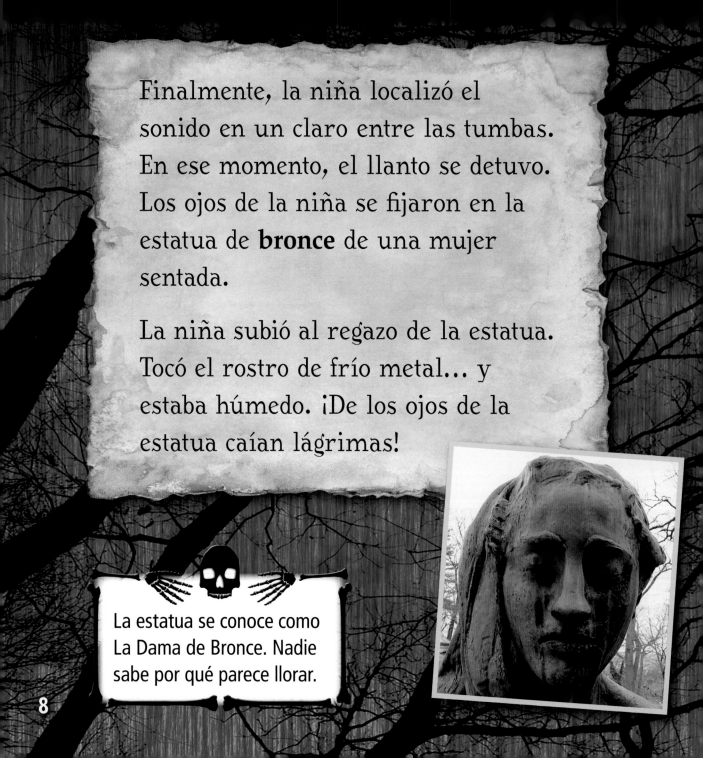

La Dama de Bronce

9

El árbol sangriento

Cementerio Santa Paula, Guadalajara, México

Un enorme árbol retorcido crece en una vieja tumba. ¿De quién es la tumba y cómo el árbol llegó allí?

Hace más de 150 años, los habitantes de una ciudad mexicana empezaron a encontrar animales muertos. Más tarde, empezaron a aparecer bebés sin vida en sus cunas. Y lo más sorprendente: ¡a todos los **cadáveres** los habían vaciado de sangre!

El árbol y la tumba

11

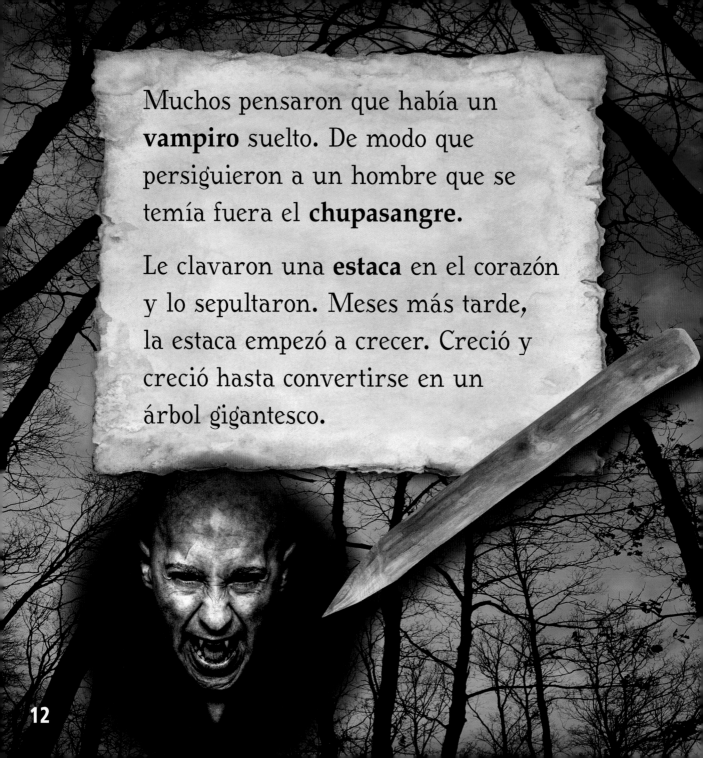

Muchos pensaron que había un **vampiro** suelto. De modo que persiguieron a un hombre que se temía fuera el **chupasangre**.

Le clavaron una **estaca** en el corazón y lo sepultaron. Meses más tarde, la estaca empezó a crecer. Creció y creció hasta convertirse en un árbol gigantesco.

Hoy en día se dice que si rompes las ramas del árbol, ¡la sangre del vampiro brotará de ellas!

¡Muchos creen que si se corta el árbol, el vampiro se levantará de la tumba!

UNA MASCOTA FANTASMAL

Cementerio Hollywood, Richmond, Virginia

¿Puede una estatua retornar a la vida? Los visitantes del cementerio Hollywood lo creen.

En 1862, un niñita murió de una terrible enfermedad. Su **afligida** familia sepultó su cuerpo. Cerca de la tumba, ellos colocaron la estatua de un perro.

Cuando murió, la niña solo tenía dos años.

Desde entonces, en noches frías y oscuras, la gente ha visto algo increíble. ¡La estatua del perro se mueve! Se le ha visto cambiar de un lugar a otro.

Algunos dicen que si te
aproximas a la tumba, el
perro cobra vida. ¡Ladra
y corre tras los visitantes!

EL ESQUELETO SIN CABEZA

Cementerio Barnes, Londres, Inglaterra

Gruesas enredaderas cubren las lápidas derruidas. La neblina cuelga en el aire nocturno. Una blanca y **etérea** figura femenina se desliza sobre una de las tumbas. ¿Quién es y qué busca?

Cementerio Barnes

19

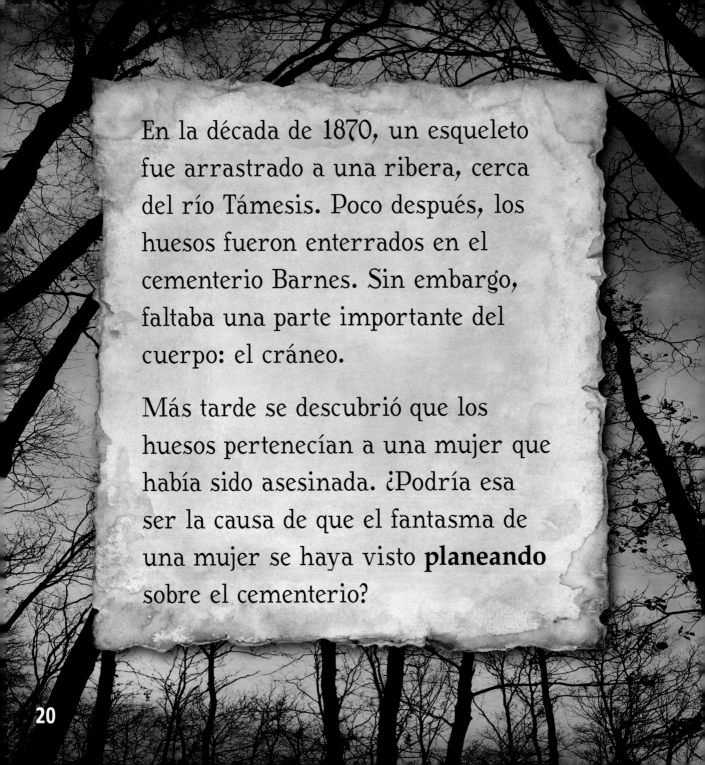

En la década de 1870, un esqueleto fue arrastrado a una ribera, cerca del río Támesis. Poco después, los huesos fueron enterrados en el cementerio Barnes. Sin embargo, faltaba una parte importante del cuerpo: el cráneo.

Más tarde se descubrió que los huesos pertenecían a una mujer que había sido asesinada. ¿Podría esa ser la causa de que el fantasma de una mujer se haya visto **planeando** sobre el cementerio?

La mujer fue asesinada por su ama de llaves. Su cráneo fue encontrado en 2010 cerca de su antigua casa.

Cementerios espeluznantes
del mundo

CEMENTERIO SANTA PAULA

Guadalajara, México

¡Visita la tumba de un vampiro y un árbol lleno de sangre!

CEMENTERIO DE SLEEPY HOLLOW

Sleepy Hollow, Nueva York

¡Visita la estatua que llora!

CEMENTERIO HOLLYWOOD

Richmond, Virginia

Ven a ver la tumba de una niña y la estatua espectral que la protege.

CEMENTERIO BARNES

Londres, Inglaterra

Visita el lugar de descanso final de un esqueleto sin cabeza.

océano Ártico

AMÉRICA DEL NORTE

EUROPA

ASIA

océano Atlántico

ÁFRICA

océano Pacífico

océano Pacífico

AMÉRICA DEL SUR

océano Índico

océano Atlántico

AUSTRALIA

N
O · E
S

océano Antártico

ANTÁRTIDA

Glosario

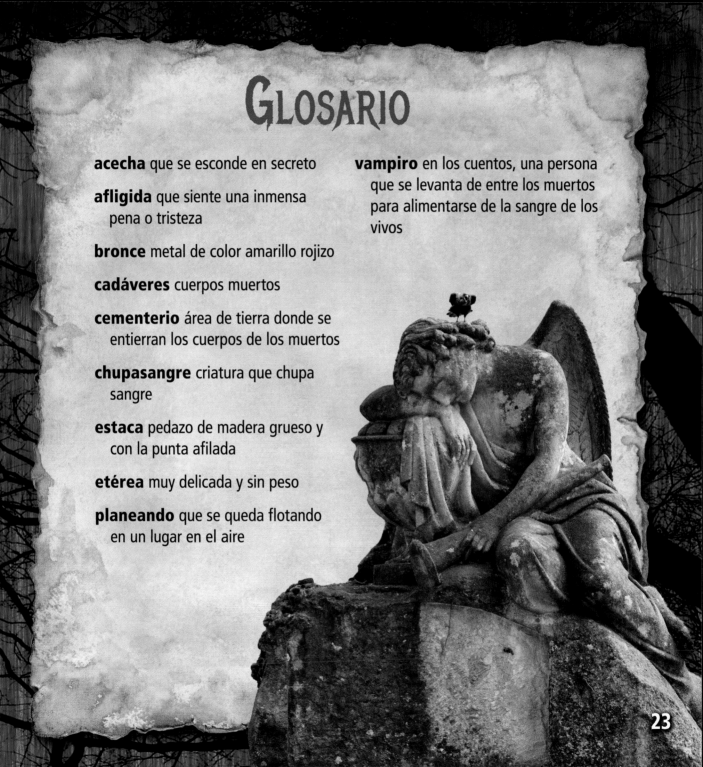

acecha que se esconde en secreto

afligida que siente una inmensa pena o tristeza

bronce metal de color amarillo rojizo

cadáveres cuerpos muertos

cementerio área de tierra donde se entierran los cuerpos de los muertos

chupasangre criatura que chupa sangre

estaca pedazo de madera grueso y con la punta afilada

etérea muy delicada y sin peso

planeando que se queda flotando en un lugar en el aire

vampiro en los cuentos, una persona que se levanta de entre los muertos para alimentarse de la sangre de los vivos

Índice

Lee más

Penn-Coughin, O. *They're Coming for You: Scary Stories That Scream to be Read.* Nueva York: CreateSpace (2011).

Tietelbaum, Michael. *Night of the Gravedigger (Cold Whispers).* Nueva York: Bearport (2016).

Aprende más en línea

Para aprender más sobre cementerios espeluznantes, visita:
www.bearportpublishing.com/Tiptoe

Acerca de la autora

La escritora Joyce Markovics vive en una casa de 160 años. Es probable que allí también vivan seres sobrenaturales.